Un nouvel élan

Jérôme Matin Cynéfro

Un nouvel élan

Recueil

LE LYS BLEU
ÉDITIONS

ISBN : 979-10-422-1643-6

Un nouvel élan

Il est des couleurs dans le firmament
Aux aurores d'un jour précieux
Le dessein des cieux
Aux êtres inspirés
La promesse d'un nouvel élan

Comment, murée, pourrais-tu en rendre grâce ?
Noyée dans les méandres d'un pâle quotidien
L'œil figé dans le reflet de la glace
Le destin des tiens dans le creux de ta main

Ce sourire, ce masque
Cet excès de bienveillance
À se nourrir du bonheur de l'autre, on en oublie
d'être heureux
Ce mensonge
Quel est ce mal qui te ronge ?
À trop enfouir ses secrets, le réel devient poreux

La rivière n'attend pas que le vent creuse son nid
Elle défie le temps, la roche, l'horizon et le vide
Tu es de celles qui bâtissent
Héritière des candaces
De celles qui se relèvent quand la vie les terrasse
Tant de montagnes à gravir et de larmes à verser
Tant de torrents à franchir et de chaînes à briser

Toi, qui ne savoure que l'instant de solitude
Puisses-tu emprunter le sentier de la plénitude
Sentir la chaleur et la tendresse d'un corps aimant
D'un regard amoureux
Le feu ardent

Gardien des messages que porte le vent
L'oiseau, même en cage, ne saurait chanter faux
La nature l'a ainsi fait, nul doute ne l'habite
Puisses-tu un jour trouver la paix
L'amour que tu mérites

2017

La main de mon père

La main de mon père, une philosophie
Sagesse dans le geste joyau qui suffit
Sa paume ouverte offre au monde satiété
Son poing serré souffre l'œuvre d'iniquité

La main de mon père invoque le vent bâtisseur
Au ballet de la lune, son labeur ancré
Ferme, elle épouse l'empreinte du créateur
Mathématiques fractales, géométrie sacrée

Verve affûtée du génie paysan
La main de mon père, l'âme à double tranchant
Un amour infini pour sa reine et ses princes
Un honneur d'outre temps que nul verbe n'évince

Je marche sans peur au solstice de mon souffle
Son silence pour leçon quand l'orient s'essouffle
Par la main de mon père me voilà anobli
La main de l'homme bambou
Mon mapipi

Il lit la terre en braille de ses doigts magiques
Son héritage, une graine qui renferme la lumière
Ce poème gravé dans la roche volcanique
Ma fierté n’a de limite que les confins de l’univers

À la main qui protège
À la main qui nourrit
À la main qui soutient
À la main qui sourit

2023

Un endroit silencieux

Ici bat le cœur du volcan nourricier
Endormi depuis l'âge du grand châtiment
Puisse le ciel sourire aux initiés
Ces terres honorées de leurs justes sentiments

Royaume du Colibri
Morne joufflu et fleuri
Les mots inclinés en basses révérences
Beauté et sagesse se suffisent du silence

La brise chuchote des accords oubliés
Convoque aux esprits les allées du sacré
L'innocence vagabonde au chevet des balisiers
Comme l'éphémère papillon grimaçant au sablier

Se délester des oripeaux de piété
Se dégager des dictatures de l'octet
Ainsi dissipées les brumes d'infortune
Au soir de l'horloge, rendre sourire à la lune

Une prison n’a de corps qu’en l’esprit limité
L’univers n’est infini qu’en spiritualité
Si vacarme est roi en la demeure de l’iniquité
La vérité niche sous l’écorce de l’humilité

2023

L'autre moitié de mon âme

Vacarme rouge, cité infâme
Je marchais en elle, silencieux d'avanie
Quand l'univers m'envoya dans sa bonté infinie
L'œuvre ultime de son écrin d'harmonie

Ainsi m'apparut l'autre moitié de mon âme
Comme souffle le vent entre mornes et ravines
Comme s'offre la pluie aux louanges des racines
Comme dansent les mots dans la bouche du griot

Ainsi m'apparut l'autre moitié de mon âme
La face éclairée de nos corps confondus
L'immuable de nos forces à nos rires suspendu
De nos peaux feuilletées l'esquisse d'un joyau

Nos pensées jumelles
Nos reflets lumineux
Armures de tendresse sous un orage de feu
Chacun refuge et rempart de l'autre
Si l'amour est combat, que martyr soit nôtre

Ainsi m'apparut l'autre moitié de mon âme
Par les signes du temps, ma promise, mon aimée
Ainsi m'apparut l'autre moitié de mon âme
Mes jours s'en furent de grâce parfumée

Ainsi puissions-nous partager nos peines
Comme le pain rassis les jours de disette
Nos rêves insolents les nuits de lunes pleines
Et atteindre enfin l'achèvement de notre être

2021

Petit singe rouge

Quand le soleil se cachera derrière l'horizon
Au paroxysme de la furie barbare
Quand les bombes feront trembler les murs de ma maison
Océan d'altruisme, tu seras mon rempart

Quand la mort embaumera les ruelles de la ville
Comme les brumes qui glissent aux matins silencieux
Quand je perdrai l'innocence à l'heure du couvre-feu
Toi et moi nous voyagerons immobiles

Quand je foulerai ma terre de sang maculée
Quand je tairai le nom de ma maîtresse égorgée
Le soir, dans mon lit, ton front sur ma joue
Tes bras frêles protégeront mon cou

Nous nous laisserons happer par les mâchoires du temps
Dévorer par la saison des linceuls volants
Deux fleurs tropicales dans un désert boréal
Nous pousserons l'ataraxie jusqu'au degré
transcendantal

Quand les pages de mon recueil viendront à s'achever
Je n'aurai pour toi que tendres pensées
Mes forces, mon souffle et mon allant consacrés
À combattre les démons qui hanteront mon passé

Quand sous d'autres latitudes je me ferai ambassade
Étouffant mon désarroi par un éclat de façade
Je songerai à ton sourire figé dans ma mémoire
Comme l'empreinte de la lune au cœur d'une nuit noire

Petit singe rouge aux câlins magiques
Tant de larmes tu essuieras
Tant de rire tu partageras
Aussi vrai que tu ne me mentiras jamais
Tu seras le gardien de mes rêves et secrets

Comme la promesse d'un retour, je te laisserai derrière moi
Ma mère pourra me voir, me sentir à travers toi
À l'amour que tu me porteras
À son reflet dans mes yeux
À mon doudou
À mon sauveur
À mon ami le plus précieux

2018

Lorsque l'orage sera passé

Lorsque l'orage sera passé
La furie
L'orgueil
Le doute et la douleur
Comme le Phoenix de mes cendres je renaîtrai
Je renaîtrai seul, solide, serein, et puissant
Libéré des entraves que furent les saisons de mon cœur

Lorsque l'orage sera passé
En regardant mes cicatrices
Je me souviendrai du tonnerre et du feu

Lorsque l'orage sera passé
Je ferai fi de ces lâches
Aussi souriants puissent-ils paraître
Ils n'ont d'homme que le H

Lorsque l'orage sera passé
Le chant du Pipirite percera la brume
Et les mornes fous dévoileront leur vert flamboyant

Lorsque l'orage sera passé
Je passerai le temps qu'il me reste à honorer
L'alliance sacrée qui réside dans le sourire de mes enfants
Mon essence
Mon temple
L'écho de mes jours heureux

Par la grâce de mes ancêtres bienveillants
Lorsque l'orage sera passé
Puisse la lumière ne jamais me quitter

2017

Éveil kamite

Le sentiment qui m'habite est sincère
Aussi profond que les failles de la terre
Jusqu'ici, je ne fus qu'une autre page arrachée
Au registre du temps
De l'histoire, naufragé

En ces nuits obscures perforées de lucioles
Le silence se faisait plus bruyant que la parole
Puis le verbe Diopien dans sa profonde inspiration
Fut l'éveil spirituel qui féconda ma génération

Un vent de vérité balaya ma prison de verre
Inonda mon âme de la mémoire de mes pères
Moi, le fils adoptif de la montagne Pelée
Je me tournais vers Kémèt souche de toute humanité

D'une Égypte antique Ô combien négroïde
Flamboyance mathématique accoucheuse de pyramides
Naquirent les fondements de toutes civilisations
Les sciences portées jusqu'au sommet de l'érudition

De grès, de force, des griffes de l'Occident
Je reprends nom, histoire, héritage et testament
Affranchi par ces mots de la malédiction de Cham
Je suis la diaspora ou le tranchant de sa lame

À mesure que se dessinent les horizons déchaînés
Mon être s'abandonne à l'instinct de vérité
Qu'importe les fêlures de mon corps bouclier
Jamais plus je ne serai inférieur à ma lignée

La connaissance est au peuple
Noyé dans la brume
Ce que le vent est au désert
Ce que le marteau est à l'enclume

2019

Le secret des fleurs sauvages

Nul autre vent que celui qui effleure les montagnes
Ne saurait percer le secret des fleurs sauvages
Un chant saturé, un poème raturé
La grâce n'illumine que les êtres torturés

Elle, jadis l'innocence effritée
Elle et sa beauté sciée à bout touchant
Rires et pleurs noyés dans l'obscurité
Comme la lune naissante au soleil couchant

Cette femme qui me sourit, cachée d'un bouclier
Je sais son cuir aduré par la douleur
Ses secrets portés dans une poche près de mon cœur
Comme un repas partagé entre deux prisonniers

Trombes et éclairs peuvent troubler l'accord céleste
L'arc-en-ciel toujours rétablit l'harmonie
Quand poignent à mon esprit quelques pensées funestes
Je songe à ce rire dénué de cérémonies

Serait-elle aussi belle sans le feu et la glace
Sans la mémoire et l'oubli, la pudeur et l'audace
Un chant fracturé, un poème censuré
La grâce n'illumine que les êtres torturés

Elle, de passion sauvage, insatiable d'amour
L'élan de son cœur ne connaît point de détour
Un amour incarné, hurlement de la louve
Une rouge passion en laquelle je me retrouve

Son armure tombée, la muse prend pause
Et mes lèvres brûlent de ces mots défendus
Elle m'offre son sourire, l'instant est précieux
Le temps d'un soupir, plus rien n'existe à mes yeux
Alors j'écris, exalté, dans le silence qui s'impose
Les doigts fumants de ces gestes suspendus

Nul autre vent que celui qui effleure les montagnes
Ne saurait percer le secret des fleurs sauvages
Un chant murmuré, un poème hachuré
La grâce n'illumine que les êtres torturés
Triomphant des abîmes, brisant leur carcan
Nulle terre n'est plus fertile que le crachat du volcan

2019

Mon amie céleste

Quand tu me manques
Dans l'innocence d'un jour nouveau
Dans le lointain de mes songes, à fleur de peau
Le poids de ma solitude égale celui de mon armure
Et mon sourire devient masque dans l'hiver morsure

Quand tu me manques comme le soleil manque à la lune
Je caresse ma guitare comme le vent sur les dunes
Je devine les yeux fermés la courbure de tes reins
Que je m'en veux d'imaginer l'auréole de ton sein

Quand tu me manques, j'aime à me souvenir
De ce doux frisson né d'un furtif regard
Comme si la providence, au détour d'un hasard
Nous offrait l'ultime chance de nous unir

Si le corps est à la terre ce que l'esprit est au ciel
Alors bien plus que mon amour tu es mon amie céleste
Nul besoin de long discours, juste un geste
Un battement de paupières pour un instant solennel

Quand tu me manques je me rappelle qu'intrépide
Quand d'autres fuyaient de peur de tomber dans le vide
Tu sondais les profondeurs de mon âme écorchée
D'une si belle attention, je n'aurais su me détourner

Pulsions maîtrisées
Plume aiguisée
Nul autre que toi ne saurait autant m'inspirer
Flamme, ton corps quand tu danses la liberté
Enfant de la Mekerra, à l'extrême sud de la beauté

Quand tu me manques, je veux boire à satiété
À distance nécessaire, à nos actes manqués
De là où je suis, dans une infinie pudeur
Je souhaite que se remplissent les cratères de ton cœur

Si le corps est à la terre ce que l'esprit est au ciel
Alors bien plus que mon amour tu es mon amie céleste
Nul besoin de long discours, juste un geste
Un battement de paupière pour un instant éternel

2017

Rouge Vert Noir

Rouge

Lune sanguine en un ciel indigo
Les princes du silence s'en remettent à Shangô
Sclères salines d'éclairs injectées
Que brûlent symboles et discours infectés

Pour les cœurs vagabonds aux portes de Ouidah
Pour le triangle d'ossements que l'océan déroba
Pour le viol, le fer, la rigoise, l'amputation
La croix, la pendaison, l'émasculation

Pour le sang des marrons versé dans le sacrifice
Une libation répandue à l'endroit de leur supplice
Si les douleurs muettes ne guérissent que si nommées
Qu'à jamais retentissent les chants des oubliées

Vert

Au-delà de ses brumes nacrées de mystère
La montagne nourrit sources et rivières
Son lait rosit de nos mémoires amères
Insolente de vertus que le sucré de sa chair

Au-delà du sable noir
Où le royaume de Yémaya demeure
La mer émeraude revêt son plus beau reflet
Sous l'œil reconnaissant du pêcheur au filet
Au-delà du sable noir
La forêt hurle sa soif de couleur
L'oiseau de paradis offre une danse aux
bougainvilliers
Sous le Bakoua du paysan, un regard émerveillé

Noir

Pour Kama
Alkebulan et sa diaspora
Terre de paradoxe et de singularité
Tableau nimbé d'une ineffable aura
Allégorie de la sagesse et de la prospérité

La femme originelle de sa peau charbon
Son sein nu auquel nous fûmes arrachés
La voici prendre part à la danse des étoiles
L'univers l'enveloppant de grâce comme un voile

À nos instincts guerriers
Armons-nous de sciences comme Nubiens jadis
Le matin de notre histoire n'est certes pas négrier
La lumière n'éclaire que ceux qui la nourrissent

Rouge, vert, noir
Martinique

2023

Une femme

Une femme, un trésor, un vœu exaucé
Par le souffle de la providence
Un secret chuchoté
Je n'ai jamais connu ses bras
La tendresse dans son geste
Je ne sais d'elle que sa voix et sa beauté céleste

Dans un rictus, unifiées
Les deux rives de la méditerranée
Et l'orient cristallisé dans un sourire luminescent
Dans son œuvre, le créateur s'est surpassé
Ce jour qui a vu naître celle qui occupe mes pensées

Mon inspiration
Une femme
Qui malgré les morsures du passé
Ne saurait de tristesse se laisser submerger
Ne saurait s'interdire la liberté de penser

Ce qu'elle est Grâce
Ce qu'elle est Force
Ce qu'elle est Passion féroce
Ce qu'elle est rouge lueur
Crépusculaire douceur

Et ces hommes
Tous secrètement amoureux
En est-il un seul capable de dompter le feu ?
Précieuse est la pierre nullement parce que taillée
Elle l'est dans son essence
Pureté des temps premiers

Une femme
Un regard, un sourire, une larme
Ce n'est qu'à ses pieds que je veux déposer les armes
Brisée, ma forteresse sous le poids de la raison
Ce n'est qu'à ses côtés que j'entre en rémission

Une femme
Un refuge
Volcan endormi
La vie coule en elle comme une source chaude
Que j'aimerais de ses entrailles entendre le cri

2017

Sa peau havane aux éclats dorés

La goutte d’eau est légère
La larme est si dense
Je pensais scellées les voies secrètes de mes sens
Quand elle m’apparut dans toute sa splendeur
Sous le voile diaphane et parfumé de la pudeur

Sa peau havane aux éclats dorés
La femme noire vêtue de grâce adorée
Son doux visage augure le nombre d’or
Estampes délicieuses que les saillants de son corps

Le temps figé, puisse-t-il être admiré
Le flan Caraïbes de la montagne sacrée
Les mornes en esse où le Bèlè vit le jour
Ce tableau vivant aux couleurs de bravoure

La lionne en furie, le lion se fait chat
Le monde peut bien s’écrouler sous ses pas
Quand, mère, elle rayonne d’un amour inouï
Elle est l’eau qui s’écoule d’un volcan évanoui

La goutte d’eau est légère
La larme est si dense
Je pensais scellées les voies secrètes de mes sens
Sculptée par le soleil dans l’ébène essence
Pareille beauté ne suscite que silence

Sa peau havane aux éclats dorés
C’est l’or et la terre dans une alliance suprême
Sa peau havane aux éclats dorés
Crier ou me taire, je choisis le poème

2021

Au-devant de l'abîme

Au-devant de l'abîme
Agonie du jour et de la terre
Dans l'obscurité des lumières
Saurons-nous refuser ce dernier paradigme

Au-devant de l'abîme occident charognard
Infâme falsificateur de l'histoire
Saurons-nous résister à l'ère du poisson

Marchons au-devant les Champs d'Ialou
Tutoyons les étoiles en héritiers du soleil
Les temps anciens furent témoins de nos sciences
L'aube des savoirs

Nos pères Suprêmes de spiritualité
Embrassèrent la terre chevauchant les vents
Dans l'arpège cosmique qu'il confère aux vivants
Saurons-nous disposer de leur précieux testament

2022

Combattre

Ô mes ancêtres
Ô combien je le sais
Noyé d'abîme je ne puis trouver la paix
La paix est une guerre qui reprend son souffle
Nuage de fumée, exhalaison de soufre

Acculés aux murs criblés et fumeux
S'éteignent vaillance, sacré et vertueux
Des cendres enduisent quelques lambeaux de gloire
Que les rires enfantins coloraient d'espoir

Ces oiseaux muets, ces sources taries
Ces larmes de sang qui feignirent la pluie…
Cœur, souffle, tactique et instinct
Une fureur nue submerge mon chagrin

L'art du combat, poésie frénétique
Âme en offrande aux dieux antiques
Diamant révélé par la roche fracturée
Cerneaux de noix par la coque brisée

Combattre
S'aligner aux rangs des initiés
Combattre
D'échapper à un destin léger
Combattre
D'assouvir le temps carnassier
Combattre
D'oser le firmament nourricier
Combattre
D'éroder au temple de nos peurs
Combattre
Car victoire sans péril nul honneur

L'art lutté est empreint de sagesse
Sacrilège de s'y livrer et méconnaître ceci
Valeureuses Agoji
Votre temps est révolu
Mais de récits guerriers, vous demeurez éternelles
Au plus noir de la nuit
Sur le chemin du salut
Que vos sillons lumineux me soient à jamais fidèles

2020

De l'au-delà

Ô Mère

Je suis une larme au matin de ce jour
La rosée qui scintille d'un jardin sans couleur
Flocon de bonheur, fonte d'amour
Éclat de votre âme, fragment de votre cœur

Je suis le hurlement qui se déguise en sourire
Un soupir qui s'étiole devant le firmament
Ce jour funeste où vous me vîmes disparaître
Fit s'abattre l'hiver jusqu'aux tréfonds de votre être

Ô Mère

Que tendresse fut précieuse dans le creux de vos bras
Avant que mon corps ne se confonde à la terre
Si les étoiles naissent d'amas de poussière
Je suis la lueur qui célèbre vos pas

Le temps n'emprisonne que celui qui le fuit
Allez impavide à ne plus craindre de la nuit
Le ciel peut attendre le crépuscule de vos jours
Pour vous rappeler à lui et nous unir pour toujours

Ô Mère

Gardez-vous des chemins de chimères
Des charités fausses et des prêches oiseux
Vivez vos années en papillon de couleur
Belle de résilience, d'audace et de douceur

La grâce illumine le sourire de ma sœur
Une brise légère fait danser vos cheveux
Mon âme en vous comme un ruisseau silencieux
Notre amour ineffable n'a de limites que les cieux

Ô Mère

Votre fils de l'au-delà

2020

Aux fils de kémèt

Nous sommes comme les graines sous le sable enfouies
Deux millénaires à attendre la pluie
Nous sommes les étoiles prisonnières de la nuit
La lumière fossile d'un passé évanoui

Princes déchus Soldats sans patrie
Il est des silences plus terribles que des cris
Souvenons-nous de Skaka, Soundiata, Aboubakry
Notre mémoire n'est point morte
Juste endormie

Ne sommes-nous pas filles et fils de Kémèt
N'avons-nous pas suffisamment baissé la tête
Les racines attendent-elles que le ciel verse une larme
Elles fendent les entrailles de la terre comme une lame

Au bout de nos lèvres chants et contes oubliés
De poèmes en théorèmes que de savoirs négligés
Souvenons-nous que jadis tous buvaient à nos sources
À la face de l'histoire faisons jaillir la vérité

Retournons à nos couleurs,
Au naturel de nos corps,
Aux tambours qui appellent au souvenir de nos morts

Et toi Ô femme
Ma reine
Mon trésor
Souviens-toi de ton règne
Souviens-toi d'Amanitore

2018

J’aime la solitude

J’aime la solitude
Quand les mots se voilent
Quand le silence chérit le murmure des étoiles

J’aime la solitude
Quand elle m’enveloppe de sa tendresse
L’esprit libéré des dictatures de la sagesse

J’aime la solitude
Elle seule connaît la vérité
Aux haillons de fortune, je préfère la nudité

J’aime la solitude
Mère de renaissance
Cousine de l’abandon néanmoins sœur de résilience

J’aime la solitude
Quand elle m’absout de l’œil humain
Et m’épargne le supplice des molles poignées de main

J’aime la solitude
Elle renforce mon armure
Quand l’amour haineux use de fers souillés

J’aime la solitude
Celle du voyageur
Seul…
Mais dont le sourire inonde le monde entier

2021

L'écho de nos tambours

Entendez gronder les cieux
Par-delà les monts brumeux
Entendez s'ébranler les assises du monde
Le temps se soumettre aux battements des secondes

Portez vos regards aux confins de nos terres
Régions absconses témoins des millénaires
Ce pays science, foi et vérité
Ce pays Maât, ordre et équité

De l'ombre vinrent ces hommes sangliers
Gueules baveuses de pouvoir alléchées
D'antiques cités plongèrent dans le brasier
Fraudes pieuses
Puits asséchés

Entendez, sous leurs pas, reliques et ossements
La furie de nos pères, ondes et vrombissements
L'heure n'est plus aux chants, aux serments et palabres
Ce qu'il nous reste de force doit se défaire du vieil arbre

Sombre allée qu'une fin sans honneur
Que Sekhmet nous guide au-delà de nos peurs
L'histoire oubliera hymnes et discours
Que nos actes résonnent dans l'écho de nos tambours

2021

L'étreinte du figuier maudit

Je suis né d'une graine de Ficus Auréa
Ô combien mortel, le figuier maudit
Peu soucieux de mes penchants criminels
Sur la branche d'un Mahogany, je grandis

Mon âme aspire aux vibrations des étoiles
Aux pulsations de la montagne qui rythment les vallées
Aux messages que portent les oiseaux et le vent
De ses régions obscures qui protègent leurs secrets

Je l'étreins, le protège et le soutiens de mes forces
Je l'enlace et l'embrasse de ma passion féroce
Le majestueux, l'acajou séculaire
Mais une tragédie se dessine sous le tropique du cancer

Car nul n'échappe aux crocs du destin
D'aucuns penseront que je suis né pour tuer
Me voilà prisonnier de mes propres instincts
Moi, l'étrangleur favori des sorciers

Allégorie de la mort qui nourrit les vivants
Moi, le parasite conquérant des feuilles putrides
Écarté à jamais du sentier des pénitents

À présent, je suis seul et ma douleur est immense
Un trou béant à la place du cœur
Debout sur les restes de mon amour innocent
Le temps qui s’écoule sera ma sentence

2018

Triste guerre

Mon corps arraché à ta douce étreinte
Instants innocents volés, empreintes
D'un amour naissant gravé dans la pierre
Au rouge crépuscule de cette triste guerre

Triste guerre

Qui me privera de la chaleur de ton cou
Un parfum délicieux exaltera ma mémoire
La caresse de tes cheveux sur ma joue
Une lueur dans tes yeux éveillera mon espoir

Triste guerre

Un cri perdu en un gouffre sans fond
Virgule dans un livre comme éphémère est la vie
Et ces corps qui sous terre parleront du passé
Aux fleurs qui danseront aux abords des cratères

Ici reposeront sous les champs des oubliés
Princes déchus par les feux guerriers
Lettres souillées par les fanges de l'histoire
Qui jamais n'apaiseront les aimés du désespoir

Triste guerre

Ton amour comme une fleur dans l'agonie de l'hiver
Aimer par le fracas, tambours des nuits d'éclairs
Aimer par la peur d'un lendemain pétrifié
Aimer par la douleur d'un destin atrophié

Triste guerre

De ce camp de prisonniers
Abîme de solitude auquel je dois mon salut
Je rêve à ce jour où je m'en irai renaître
Conjuguer au présent les promesses de mes lettres

Sans trop attendre des chimères et des faveurs du ciel
Nous marcherons béats vers un ailleurs aquarelle
Où amour n'est roi que si reine est bienveillance
Où la mémoire d'un soldat ne s'honore qu'en silence

2020

L’œil blessé

Un œil blessé est un signe du temps
L’épreuve qui ouvre aux portes du firmament
Les étoiles, majesté, inspirent sans bruit
Nos yeux, pourtant, ne les distinguent que la nuit

Seule tu errais dans ce désert hurlant
Proscrite, soumise à l’érosion des idées
Le vent balayait les sables brûlants
Un tableau abstrait d’horizon vidé

Quand ton œil fut blessé
Les clameurs du silence à jamais se turent
L’héritière des Candaces revêtit ton armure
Au réveil de son Ka, les ténèbres furent chassées

Quand ton œil fut blessé
Un royaume de sagesse s’ouvrit sous tes pieds
Comme les partitions d’une œuvre oubliée
Qui attendent qu’un regard les délivre du passé

Si la nuit s'impose au crépuscule
L'aube s'impose à la nuit…

Ton œil déjà gracié de tout jugement
L'âme acquise aux énergies des éléments
Je te vois arracher ton destin du feu
Ainsi ce sourire est un festin pour mes yeux

2021

L'héritage de Matouba

Ils donneront leur vie en offrande à la postérité
Inscriront en lettre grande
Dans le cœur de leurs héritiers
Le récit de leur dernier combat
Sous le feu de la tyrannie
Ils tomberont à Matouba
En emportant leurs ennemis

À la lumière de leur sacrifice
Nous chanterons leur mémoire
Entendront-ils le cri de leur fils
Forcer les verrous de l'histoire
Jamais nous ne cesserons d'honorer leur souvenir
Un chapitre leur sera dédié dans le livre des martyrs

Ô Liberté
Combien d'hommes te donneront leur vie
Ô Soldats d'éternité
Vous ne tomberez jamais dans l'oubli

Ô Postérité
À l'heure du dernier combat
Porteras-tu dans ton cœur l'héritage de Matouba

2017

À Adrien Pinard

Il siège au pinacle des grands esprits Carbétiens
Un œil azur comme fenêtre au génie
Sa main, son verbe, son être s'ingénient
À édifier l'indicible héritage Caribéen

La lumière naît l'obscurité
Ainsi naissent les chants de liberté
Du fond l'abîme jusqu'à crever l'horizon
Modestie et majesté restent filles d'oraison

Sa main
Clé des arcanes de l'art sacré
Reflet qui accorde valeur au Saphir
L'acajou sublime de noblesse et déité
Fleure une passion qu'exalte un doux zéphyr

Un regard félin, montagne de rigueur
Rivière de sagesse, océan de pudeur
Si la mer donne autant qu'elle reprend
Ô Martinique, célèbre tes enfants

Sous le carbet de nos mémoires se lézardent en silence
« Charité », « Renouveau », « Innocent », « Pigeon vole »
Gommier de leur essence, grands frères des Yoles
Point d'épithètes à pareille élégance

Pêcheurs et paysans suintants de biguine
Narrez les hauts faits du charpentier de marine
Si la mer délaisse autant qu'elle s'empare
Que nos cornes de Lambi célèbrent Adrien Pinard

2023

De nos suivants

Puisqu'il me faut trouver mots à l'indicible
Effleurer à la plume la cosmique harmonie
Présumer des forces et du génie de l'invisible
Le cœur submergé d'un amour infini

J'adresse la présente à ma postérité
Qu'elle perce les âges aux côtés de l'oralité
À ma princesse, radieuse comme soleil de Nubie
À mon prince, prodigieux comme noble Kauri

Homme parmi les hommes, sans eux je ne serais
Que morne vallée sans rivière ni forêt
Nuit sans étoiles noyée dans l'univers
Lac sans reflets, prisonnier de l'hiver

Leur souffle premier
Ma seconde naissance
Un sourire
Le miracle illumine mon existence
Un regard insouciant pardonne ma diligence
De souffrir absences, maux et silences

Alors que se délite l'arbre de dignité
Que ruisselle le cœur égaré de la communauté
Comprendre ce qu'être père en observant les étoiles
Présager du frêle horizon qui se dévoile

Que nul rêve ne se brise sans être défendu
Que nul espoir ne s'affaisse sous le poids de la paresse
Père à en souffrir, à en mourir, à s'oublier
L'amour sans ricochet, sans éclipse, sans bouclier

Par monts, combes et jardins suspendus
Étreindre l'aube, la chérir de promesses
N'avoir pour raison que les rires et les chants
De nos suivants
Jusqu'au soleil couchant

2023

Table des matières

Imprimé en Allemagne
Achevé d'imprimer en janvier 2024
Dépôt légal : janvier 2024

Pour

Le Lys Bleu Éditions
40, rue du Louvre
75001 Paris

www.ingramcontent.com/pod-product-compliance
Lightning Source LLC
Chambersburg PA
CBHW062348010826
49168CB00024B/313
9791042216436